This Book Belongs To

....

....

....

Emergency Contact

....

....

....

Important Contacts

NAME	PHONE NUMBER

Important Contacts

NAME						PHONE NUMBER

Name: _____
  Address: _____
  _____
  Phone: _____ Mobile: _____
  Email: _____
  Birthday: _____
  Notes: _____

Name: _____
  Address: _____
  _____
  Phone: _____ Mobile: _____
  Email: _____
  Birthday: _____
  Notes: _____

Name: _____
  Address: _____
  _____
  Phone: _____ Mobile: _____
  Email: _____
  Birthday: _____
  Notes: _____

A B C D E F G H I J K L M N O P Q R S T U V W X Y Z

A
B
C
D
E
F
G
H
I
J
K
L
M
N
O
P
Q
R
S
T
U
V
W
X
Y
Z

Name: _____
Address: _____
_____
Phone: _____ Mobile: _____
Email: _____
Birthday: _____
Notes: _____
_____

Name: _____
Address: _____
_____
Phone: _____ Mobile: _____
Email: _____
Birthday: _____
Notes: _____
_____

Name: _____
Address: _____
_____
Phone: _____ Mobile: _____
Email: _____
Birthday: _____
Notes: _____
_____

Name: _____
  Address: _____
  _____
  Phone: _____ Mobile: _____
  Email: _____
  Birthday: _____
  Notes: _____

~~~~~~~~~~~~~~~~~~~~~~~~~~~~~~~~~~~~~~~

Name: _____
  Address: _____
  _____
  Phone: _____ Mobile: _____
  Email: _____
  Birthday: _____
  Notes: _____

~~~~~~~~~~~~~~~~~~~~~~~~~~~~~~~~~~~~~~~

Name: _____
  Address: _____
  _____
  Phone: _____ Mobile: _____
  Email: _____
  Birthday: _____
  Notes: _____

~~~~~~~~~~~~~~~~~~~~~~~~~~~~~~~~~~~~~~~

A
B
C
D
E
F
G
H
I
J
K
L
M
N
O
P
Q
R
S
T
U
V
W
X
Y
Z

A
B
C
D
E
F
G
H
I
J
K
L
M
N
O
P
Q
R
S
T
U
V
W
X
Y
Z

Name: _____

Address: _____

_____

Phone: _____ Mobile: _____

Email: _____

Birthday: _____

Notes: _____

_____

Name: _____

Address: _____

_____

Phone: _____ Mobile: _____

Email: _____

Birthday: _____

Notes: _____

_____

Name: _____

Address: _____

_____

Phone: _____ Mobile: _____

Email: _____

Birthday: _____

Notes: _____

_____

Name: _____
Address: _____
_____
Phone: _____ Mobile: _____
Email: _____
Birthday: _____
Notes: _____
_____

Name: _____
Address: _____
_____
Phone: _____ Mobile: _____
Email: _____
Birthday: _____
Notes: _____
_____

Name: _____
Address: _____
_____
Phone: _____ Mobile: _____
Email: _____
Birthday: _____
Notes: _____
_____

A
B
C
D
E
F
G
H
I
J
K
L
M
N
O
P
Q
R
S
T
U
V
W
X
Y
Z

A
B
C
D
E
F
G
H
I
J
K
L
M
N
O
P
Q
R
S
T
U
V
W
X
Y
Z

Name: _____
Address: _____
_____
Phone: _____ Mobile: _____
Email: _____
Birthday: _____
Notes: _____
_____

~~~~~~~~~~~~~~~~~~~~~~~~~~~~~~~~~~~~~~

Name: _____
Address: _____
_____
Phone: _____ Mobile: _____
Email: _____
Birthday: _____
Notes: _____
_____

~~~~~~~~~~~~~~~~~~~~~~~~~~~~~~~~~~~~~~

Name: _____
Address: _____
_____
Phone: _____ Mobile: _____
Email: _____
Birthday: _____
Notes: _____
_____

~~~~~~~~~~~~~~~~~~~~~~~~~~~~~~~~~~~~~~

Name: _____
Address: _____
_____
Phone: _____ Mobile: _____
Email: _____
Birthday: _____
Notes: _____

Name: _____
Address: _____
_____
Phone: _____ Mobile: _____
Email: _____
Birthday: _____
Notes: _____

Name: _____
Address: _____
_____
Phone: _____ Mobile: _____
Email: _____
Birthday: _____
Notes: _____

A **B** C D E F G H I J K L M N O P Q R S T U V W X Y Z

A
B
C
D
E
F
G
H
I
J
K
L
M
N
O
P
Q
R
S
T
U
V
W
X
Y
Z

Name:_____
Address:_____
_____

Phone:_____ Mobile:_____
Email:_____
Birthday:_____
Notes:_____

~~~~~~~~~~~~~~~~~~~~~~~~~~~~~~~~~

Name:_____
Address:_____
_____

Phone:_____ Mobile:_____
Email:_____
Birthday:_____
Notes:_____

~~~~~~~~~~~~~~~~~~~~~~~~~~~~~~~~~

Name:_____
Address:_____
_____

Phone:_____ Mobile:_____
Email:_____
Birthday:_____
Notes:_____

~~~~~~~~~~~~~~~~~~~~~~~~~~~~~~~~~

Name: _____
　Address: _____
　_____
　Phone: _____ Mobile: _____
　Email: _____
　Birthday: _____
　Notes: _____
　_____

~~~~~~~~~~~~~~~~~~~~~~~~~~~~~~~~~~~~

Name: _____
　Address: _____
　_____
　Phone: _____ Mobile: _____
　Email: _____
　Birthday: _____
　Notes: _____
　_____

~~~~~~~~~~~~~~~~~~~~~~~~~~~~~~~~~~~~

Name: _____
　Address: _____
　_____
　Phone: _____ Mobile: _____
　Email: _____
　Birthday: _____
　Notes: _____
　_____

~~~~~~~~~~~~~~~~~~~~~~~~~~~~~~~~~~~~

A
B
C
D
E
F
G
H
I
J
K
L
M
N
O
P
Q
R
S
T
U
V
W
X
Y
Z

A
B
C
D
E
F
G
H
I
J
K
L
M
N
O
P
Q
R
S
T
U
V
W
X
Y
Z

Name: _____
Address: _____
_____

Phone: _____ Mobile: _____
Email: _____
Birthday: _____
Notes: _____
_____

~~~~~~~~~~~~~~~~~~~~~~~~~~~~~~~

Name: _____
Address: _____
_____

Phone: _____ Mobile: _____
Email: _____
Birthday: _____
Notes: _____
_____

~~~~~~~~~~~~~~~~~~~~~~~~~~~~~~~

Name: _____
Address: _____
_____

Phone: _____ Mobile: _____
Email: _____
Birthday: _____
Notes: _____
_____

~~~~~~~~~~~~~~~~~~~~~~~~~~~~~~~

Name: _____
Address: _____
_____
Phone: _____ Mobile: _____
Email: _____
Birthday: _____
Notes: _____

Name: _____
Address: _____
_____
Phone: _____ Mobile: _____
Email: _____
Birthday: _____
Notes: _____

Name: _____
Address: _____
_____
Phone: _____ Mobile: _____
Email: _____
Birthday: _____
Notes: _____

A
B
C
D
E
F
G
H
I
J
K
L
M
N
O
P
Q
R
S
T
U
V
W
X
Y
Z

A
B
C
D
E
F
G
H
I
J
K
L
M
N
O
P
Q
R
S
T
U
V
W
X
Y
Z

Name: _____
Address: _____
_____
Phone: _____ Mobile: _____
Email: _____
Birthday: _____
Notes: _____
_____

~~~~~~~~~~~~~~~~~~~~~~~~~~~~~~~~~~~~~~~

Name: _____
Address: _____
_____
Phone: _____ Mobile: _____
Email: _____
Birthday: _____
Notes: _____
_____

~~~~~~~~~~~~~~~~~~~~~~~~~~~~~~~~~~~~~~~

Name: _____
Address: _____
_____
Phone: _____ Mobile: _____
Email: _____
Birthday: _____
Notes: _____
_____

~~~~~~~~~~~~~~~~~~~~~~~~~~~~~~~~~~~~~~~

Name: _____
   Address: _____
   _____
   Phone: _____ Mobile: _____
   Email: _____
   Birthday: _____
   Notes: _____

~~~~~~~~~~~~~~~~~~~~~~~~~~~~~~~~~~~~~~~

Name: _____
   Address: _____
   _____
   Phone: _____ Mobile: _____
   Email: _____
   Birthday: _____
   Notes: _____

~~~~~~~~~~~~~~~~~~~~~~~~~~~~~~~~~~~~~~~

Name: _____
   Address: _____
   _____
   Phone: _____ Mobile: _____
   Email: _____
   Birthday: _____
   Notes: _____

~~~~~~~~~~~~~~~~~~~~~~~~~~~~~~~~~~~~~~~

A
B
C
D
E
F
G
H
I
J
K
L
M
N
O
P
Q
R
S
T
U
V
W
X
Y
Z

A
B
C
D
E
F
G
H
I
J
K
L
M
N
O
P
Q
R
S
T
U
V
W
X
Y
Z

Name: _____
Address: _____
_____
Phone: _____ Mobile: _____
Email: _____
Birthday: _____
Notes: _____
_____

~~~~~~~~~~~~~~~~~~~~~~~~~~~~~~

Name: _____
Address: _____
_____
Phone: _____ Mobile: _____
Email: _____
Birthday: _____
Notes: _____
_____

~~~~~~~~~~~~~~~~~~~~~~~~~~~~~~

Name: _____
Address: _____
_____
Phone: _____ Mobile: _____
Email: _____
Birthday: _____
Notes: _____
_____

~~~~~~~~~~~~~~~~~~~~~~~~~~~~~~

Name: _____
Address: _____
_____
Phone: _____ Mobile: _____
Email: _____
Birthday: _____
Notes: _____

Name: _____
Address: _____
_____
Phone: _____ Mobile: _____
Email: _____
Birthday: _____
Notes: _____

Name: _____
Address: _____
_____
Phone: _____ Mobile: _____
Email: _____
Birthday: _____
Notes: _____

A
B
C
D
E
F
G
H
I
J
K
L
M
N
O
P
Q
R
S
T
U
V
W
X
Y
Z

A
B
C
D
E
F
G
H
I
J
K
L
M
N
O
P
Q
R
S
T
U
V
W
X
Y
Z

Name: _____
Address: _____
_____
Phone: _____ Mobile: _____
Email: _____
Birthday: _____
Notes: _____
_____

~~~~~~

Name: _____
Address: _____
_____
Phone: _____ Mobile: _____
Email: _____
Birthday: _____
Notes: _____
_____

~~~~~~

Name: _____
Address: _____
_____
Phone: _____ Mobile: _____
Email: _____
Birthday: _____
Notes: _____
_____

~~~~~~

Name: _____
Address: _____
_____
Phone: _____ Mobile: _____
Email: _____
Birthday: _____
Notes: _____

Name: _____
Address: _____
_____
Phone: _____ Mobile: _____
Email: _____
Birthday: _____
Notes: _____

Name: _____
Address: _____
_____
Phone: _____ Mobile: _____
Email: _____
Birthday: _____
Notes: _____

A
B
C
D
E
F
G
H
I
J
K
L
M
N
O
P
Q
R
S
T
U
V
W
X
Y
Z

A
B
C
D
E
F
G
H
I
J
K
L
M
N
O
P
Q
R
S
T
U
V
W
X
Y
Z

Name: _____
Address: _____
_____

Phone: _____ Mobile: _____
Email: _____
Birthday: _____
Notes: _____
_____

~~~~~~~~~~~~~~~~~~~~~~~~~~~~~

Name: _____
Address: _____
_____

Phone: _____ Mobile: _____
Email: _____
Birthday: _____
Notes: _____
_____

~~~~~~~~~~~~~~~~~~~~~~~~~~~~~

Name: _____
Address: _____
_____

Phone: _____ Mobile: _____
Email: _____
Birthday: _____
Notes: _____
_____

~~~~~~~~~~~~~~~~~~~~~~~~~~~~~

Name:
Address:

Phone: Mobile:
Email:
Birthday:
Notes:

Name:
Address:

Phone: Mobile:
Email:
Birthday:
Notes:

Name:
Address:

Phone: Mobile:
Email:
Birthday:
Notes:

A
B
C
D
E
F
G
H
I
J
K
L
M
N
O
P
Q
R
S
T
U
V
W
X
Y
Z

A
B
C
D
E
F
G
H
I
J
K
L
M
N
O
P
Q
R
S
T
U
V
W
X
Y
Z

Name: _____
Address: _____
_____
Phone: _____ Mobile: _____
Email: _____
Birthday: _____
Notes: _____
_____

~~~~~~~~~~~~~~~~~~~~~~~~~~~~~

Name: _____
Address: _____
_____
Phone: _____ Mobile: _____
Email: _____
Birthday: _____
Notes: _____
_____

~~~~~~~~~~~~~~~~~~~~~~~~~~~~~

Name: _____
Address: _____
_____
Phone: _____ Mobile: _____
Email: _____
Birthday: _____
Notes: _____
_____

~~~~~~~~~~~~~~~~~~~~~~~~~~~~~

Name: _____
　Address: _____
　_____
　Phone: _____ Mobile: _____
　Email: _____
　Birthday: _____
　Notes: _____

~~~~~~~~~~~~~~~~~~~~~~~~~~~~~~~~~~~~~~~

Name: _____
　Address: _____
　_____
　Phone: _____ Mobile: _____
　Email: _____
　Birthday: _____
　Notes: _____

~~~~~~~~~~~~~~~~~~~~~~~~~~~~~~~~~~~~~~~

Name: _____
　Address: _____
　_____
　Phone: _____ Mobile: _____
　Email: _____
　Birthday: _____
　Notes: _____

~~~~~~~~~~~~~~~~~~~~~~~~~~~~~~~~~~~~~~~

A B C D E **F** G H I J K L M N O P Q R S T U V W X Y Z

A
B
C
D
E
F
G
H
I
J
K
L
M
N
O
P
Q
R
S
T
U
V
W
X
Y
Z

Name: _____
Address: _____
_____
Phone: _____ Mobile: _____
Email: _____
Birthday: _____
Notes: _____

Name: _____
Address: _____
_____
Phone: _____ Mobile: _____
Email: _____
Birthday: _____
Notes: _____

Name: _____
Address: _____
_____
Phone: _____ Mobile: _____
Email: _____
Birthday: _____
Notes: _____

Name: _____
Address: _____
_____
Phone: _____ Mobile: _____
Email: _____
Birthday: _____
Notes: _____

Name: _____
Address: _____
_____
Phone: _____ Mobile: _____
Email: _____
Birthday: _____
Notes: _____

Name: _____
Address: _____
_____
Phone: _____ Mobile: _____
Email: _____
Birthday: _____
Notes: _____

A
B
C
D
E
F
G
H
I
J
K
L
M
N
O
P
Q
R
S
T
U
V
W
X
Y
Z

A
B
C
D
E
F
G
H
I
J
K
L
M
N
O
P
Q
R
S
T
U
V
W
X
Y
Z

Name: _____

Address: _____

_____

Phone: _____ Mobile: _____

Email: _____

Birthday: _____

Notes: _____

_____

~~~~~~

Name: _____

Address: _____

_____

Phone: _____ Mobile: _____

Email: _____

Birthday: _____

Notes: _____

_____

~~~~~~

Name: _____

Address: _____

_____

Phone: _____ Mobile: _____

Email: _____

Birthday: _____

Notes: _____

_____

~~~~~~

Name: _____
Address: _____
_____
Phone: _____ Mobile: _____
Email: _____
Birthday: _____
Notes: _____

Name: _____
Address: _____
_____
Phone: _____ Mobile: _____
Email: _____
Birthday: _____
Notes: _____

Name: _____
Address: _____
_____
Phone: _____ Mobile: _____
Email: _____
Birthday: _____
Notes: _____

A
B
C
D
E
F
G
H
I
J
K
L
M
N
O
P
Q
R
S
T
U
V
W
X
Y
Z

A
B
C
D
E
F
G
H
I
J
K
L
M
N
O
P
Q
R
S
T
U
V
W
X
Y
Z

Name: _____
Address: _____
_____

Phone: _____ Mobile: _____
Email: _____
Birthday: _____
Notes: _____
_____

Name: _____
Address: _____
_____

Phone: _____ Mobile: _____
Email: _____
Birthday: _____
Notes: _____
_____

Name: _____
Address: _____
_____

Phone: _____ Mobile: _____
Email: _____
Birthday: _____
Notes: _____
_____

Name: _____
  Address: _____
  _____
  Phone: _____ Mobile: _____
  Email: _____
  Birthday: _____
  Notes: _____

~~~~~~~~~~~~~~~~~~~~~~~~~~~~~~~~

Name: _____
  Address: _____
  _____
  Phone: _____ Mobile: _____
  Email: _____
  Birthday: _____
  Notes: _____

~~~~~~~~~~~~~~~~~~~~~~~~~~~~~~~~

Name: _____
  Address: _____
  _____
  Phone: _____ Mobile: _____
  Email: _____
  Birthday: _____
  Notes: _____

~~~~~~~~~~~~~~~~~~~~~~~~~~~~~~~~

A
B
C
D
E
F
G
H
I
J
K
L
M
N
O
P
Q
R
S
T
U
V
W
X
Y
Z

A
B
C
D
E
F

G

H
I
J
K
L
M
N
O
P
Q
R
S
T
U
V
W
X
Y
Z

Name: _____

Address: _____

Phone: _____ Mobile: _____
Email: _____
Birthday: _____
Notes: _____

~~~~~~~~~~~~~~~~~~~~~~~~~~~~~~

Name: _____

Address: _____

Phone: _____ Mobile: _____
Email: _____
Birthday: _____
Notes: _____

~~~~~~~~~~~~~~~~~~~~~~~~~~~~~~

Name: _____

Address: _____

Phone: _____ Mobile: _____
Email: _____
Birthday: _____
Notes: _____

~~~~~~~~~~~~~~~~~~~~~~~~~~~~~~

Name: _____

Address: _____

_____

Phone: _____ Mobile: _____

Email: _____

Birthday: _____

Notes: _____

~~~~~~

Name: _____

Address: _____

_____

Phone: _____ Mobile: _____

Email: _____

Birthday: _____

Notes: _____

~~~~~~

Name: _____

Address: _____

_____

Phone: _____ Mobile: _____

Email: _____

Birthday: _____

Notes: _____

~~~~~~

H

A
B
C
D
E
F
G
H
I
J
K
L
M
N
O
P
Q
R
S
T
U
V
W
X
Y
Z

Name: _____

Address: _____

_____

Phone: _____ Mobile: _____

Email: _____

Birthday: _____

Notes: _____

_____

~~~~~~

Name: _____

Address: _____

_____

Phone: _____ Mobile: _____

Email: _____

Birthday: _____

Notes: _____

_____

~~~~~~

Name: _____

Address: _____

_____

Phone: _____ Mobile: _____

Email: _____

Birthday: _____

Notes: _____

_____

~~~~~~

Name:
Address:

Phone: Mobile:
Email:
Birthday:
Notes:

Name:
Address:

Phone: Mobile:
Email:
Birthday:
Notes:

Name:
Address:

Phone: Mobile:
Email:
Birthday:
Notes:

A
B
C
D
E
F
G
H
I
J
K
L
M
N
O
P
Q
R
S
T
U
V
W
X
Y
Z

A
B
C
D
E
F
G
H
I
J
K
L
M
N
O
P
Q
R
S
T
U
V
W
X
Y
Z

Name: _____
Address: _____
_____
Phone: _____ Mobile: _____
Email: _____
Birthday: _____
Notes: _____
_____

Name: _____
Address: _____
_____
Phone: _____ Mobile: _____
Email: _____
Birthday: _____
Notes: _____
_____

Name: _____
Address: _____
_____
Phone: _____ Mobile: _____
Email: _____
Birthday: _____
Notes: _____
_____

Name: _____
　Address: _____
　_____
　Phone: _____ Mobile: _____
　Email: _____
　Birthday: _____
　Notes: _____

Name: _____
　Address: _____
　_____
　Phone: _____ Mobile: _____
　Email: _____
　Birthday: _____
　Notes: _____

Name: _____
　Address: _____
　_____
　Phone: _____ Mobile: _____
　Email: _____
　Birthday: _____
　Notes: _____

A
B
C
D
E
F
G
H
I
J
K
L
M
N
O
P
Q
R
S
T
U
V
W
X
Y
Z

A
B
C
D
E
F
G
H
I
J
K
L
M
N
O
P
Q
R
S
T
U
V
W
X
Y
Z

Name: _____

Address: _____

_____

Phone: _____ Mobile: _____

Email: _____

Birthday: _____

Notes: _____

_____

~~~~~~~~~~~~~~~~~~~~~~~~~~~~~~~~~~~~~~~

Name: _____

Address: _____

_____

Phone: _____ Mobile: _____

Email: _____

Birthday: _____

Notes: _____

_____

~~~~~~~~~~~~~~~~~~~~~~~~~~~~~~~~~~~~~~~

Name: _____

Address: _____

_____

Phone: _____ Mobile: _____

Email: _____

Birthday: _____

Notes: _____

_____

~~~~~~~~~~~~~~~~~~~~~~~~~~~~~~~~~~~~~~~

Name: _____
　　Address: _____
　　_____
　　Phone: _____ Mobile: _____
　　Email: _____
　　Birthday: _____
　　Notes: _____

Name: _____
　　Address: _____
　　_____
　　Phone: _____ Mobile: _____
　　Email: _____
　　Birthday: _____
　　Notes: _____

Name: _____
　　Address: _____
　　_____
　　Phone: _____ Mobile: _____
　　Email: _____
　　Birthday: _____
　　Notes: _____

A B C D E F G H **I** J K L M N O P Q R S T U V W X Y Z

A
B
C
D
E
F
G
H
I
J
K
L
M
N
O
P
Q
R
S
T
U
V
W
X
Y
Z

Name: _____
Address: _____
_____
Phone: _____ Mobile: _____
Email: _____
Birthday: _____
Notes: _____
_____

~~~~~~~~~~~~~~~~~~~~~~~~~~~~

Name: _____
Address: _____
_____
Phone: _____ Mobile: _____
Email: _____
Birthday: _____
Notes: _____
_____

~~~~~~~~~~~~~~~~~~~~~~~~~~~~

Name: _____
Address: _____
_____
Phone: _____ Mobile: _____
Email: _____
Birthday: _____
Notes: _____
_____

~~~~~~~~~~~~~~~~~~~~~~~~~~~~

Name: _____
Address: _____
_____
Phone: _____ Mobile: _____
Email: _____
Birthday: _____
Notes: _____

Name: _____
Address: _____
_____
Phone: _____ Mobile: _____
Email: _____
Birthday: _____
Notes: _____

Name: _____
Address: _____
_____
Phone: _____ Mobile: _____
Email: _____
Birthday: _____
Notes: _____

A B C D E F G H I **J** K L M N O P Q R S T U V W X Y Z

A
B
C
D
E
F
G
H
I
J
K
L
M
N
O
P
Q
R
S
T
U
V
W
X
Y
Z

Name: _____
Address: _____
_____
Phone: _____ Mobile: _____
Email: _____
Birthday: _____
Notes: _____
_____

~~~~~~~~~~~~~~~~~~~~~~~~~~~~~

Name: _____
Address: _____
_____
Phone: _____ Mobile: _____
Email: _____
Birthday: _____
Notes: _____
_____

~~~~~~~~~~~~~~~~~~~~~~~~~~~~~

Name: _____
Address: _____
_____
Phone: _____ Mobile: _____
Email: _____
Birthday: _____
Notes: _____
_____

~~~~~~~~~~~~~~~~~~~~~~~~~~~~~

Name: _____
  Address: _____
  _____
  Phone: _____ Mobile: _____
  Email: _____
  Birthday: _____
  Notes: _____

Name: _____
  Address: _____
  _____
  Phone: _____ Mobile: _____
  Email: _____
  Birthday: _____
  Notes: _____

Name: _____
  Address: _____
  _____
  Phone: _____ Mobile: _____
  Email: _____
  Birthday: _____
  Notes: _____

A
B
C
D
E
F
G
H
I
J
K
L
M
N
O
P
Q
R
S
T
U
V
W
X
Y
Z

A
B
C
D
E
F
G
H
I

Name:_____
Address:_____
_____
Phone:_____ Mobile:_____
Email:_____
Birthday:_____
Notes:_____
_____

J
K
L
M
N
O
P
Q

Name:_____
Address:_____
_____
Phone:_____ Mobile:_____
Email:_____
Birthday:_____
Notes:_____
_____

R
S
T
U
V
W
X
Y
Z

Name:_____
Address:_____
_____
Phone:_____ Mobile:_____
Email:_____
Birthday:_____
Notes:_____
_____

Name:_____
Address:_____
_____
Phone:_____ Mobile:_____
Email:_____
Birthday:_____
Notes:_____

Name:_____
Address:_____
_____
Phone:_____ Mobile:_____
Email:_____
Birthday:_____
Notes:_____

Name:_____
Address:_____
_____
Phone:_____ Mobile:_____
Email:_____
Birthday:_____
Notes:_____

A
B
C
D
E
F
G
H
I
J
K
L
M
N
O
P
Q
R
S
T
U
V
W
X
Y
Z

A
B
C
D
E
F
G
H
I
J
K
L
M
N
O
P
Q
R
S
T
U
V
W
X
Y
Z

Name: _____
Address: _____
_____
Phone: _____ Mobile: _____
Email: _____
Birthday: _____
Notes: _____
_____

~~~~~~~~~~~~~~~~~~~~~~~~~~~~~~~~

Name: _____
Address: _____
_____
Phone: _____ Mobile: _____
Email: _____
Birthday: _____
Notes: _____
_____

~~~~~~~~~~~~~~~~~~~~~~~~~~~~~~~~

Name: _____
Address: _____
_____
Phone: _____ Mobile: _____
Email: _____
Birthday: _____
Notes: _____
_____

~~~~~~~~~~~~~~~~~~~~~~~~~~~~~~~~

Name: _____
　Address: _____
　_____
　Phone: _____ Mobile: _____
　Email: _____
　Birthday: _____
　Notes: _____

Name: _____
　Address: _____
　_____
　Phone: _____ Mobile: _____
　Email: _____
　Birthday: _____
　Notes: _____

Name: _____
　Address: _____
　_____
　Phone: _____ Mobile: _____
　Email: _____
　Birthday: _____
　Notes: _____

A B C D E F G H I J **K** L M N O P Q R S T U V W X Y Z

A
B
C
D
E
F
G
H
I
J
K
L
M
N
O
P
Q
R
S
T
U
V
W
X
Y
Z

Name: _____
Address: _____
_____
Phone: _____ Mobile: _____
Email: _____
Birthday: _____
Notes: _____
_____

Name: _____
Address: _____
_____
Phone: _____ Mobile: _____
Email: _____
Birthday: _____
Notes: _____
_____

Name: _____
Address: _____
_____
Phone: _____ Mobile: _____
Email: _____
Birthday: _____
Notes: _____
_____

Name: _____
Address: _____
_____
Phone: _____ Mobile: _____
Email: _____
Birthday: _____
Notes: _____

Name: _____
Address: _____
_____
Phone: _____ Mobile: _____
Email: _____
Birthday: _____
Notes: _____

Name: _____
Address: _____
_____
Phone: _____ Mobile: _____
Email: _____
Birthday: _____
Notes: _____

A
B
C
D
E
F
G
H
I
J
K
L
M
N
O
P
Q
R
S
T
U
V
W
X
Y
Z

A
B
C
D
E
F
G
H
I
J
K
L
M
N
O
P
Q
R
S
T
U
V
W
X
Y
Z

Name: _____
Address: _____
_____
Phone: _____ Mobile: _____
Email: _____
Birthday: _____
Notes: _____
_____

~~~~~~~~~~~~~~~~~~~~~~~~~~~~~~~~~

Name: _____
Address: _____
_____
Phone: _____ Mobile: _____
Email: _____
Birthday: _____
Notes: _____
_____

~~~~~~~~~~~~~~~~~~~~~~~~~~~~~~~~~

Name: _____
Address: _____
_____
Phone: _____ Mobile: _____
Email: _____
Birthday: _____
Notes: _____
_____

~~~~~~~~~~~~~~~~~~~~~~~~~~~~~~~~~

Name: _____
Address: _____
_____
Phone: _____ Mobile: _____
Email: _____
Birthday: _____
Notes: _____

Name: _____
Address: _____
_____
Phone: _____ Mobile: _____
Email: _____
Birthday: _____
Notes: _____

Name: _____
Address: _____
_____
Phone: _____ Mobile: _____
Email: _____
Birthday: _____
Notes: _____

A B C D E F G H I J K **L** M N O P Q R S T U V W X Y Z

A
B
C
D
E
F
G
H
I
J
K
L
M
N
O
P
Q
R
S
T
U
V
W
X
Y
Z

Name: _____
Address: _____
_____
Phone: _____ Mobile: _____
Email: _____
Birthday: _____
Notes: _____
_____

~~~~~~~~~~~~~~~~~~~~~~~~~~

Name: _____
Address: _____
_____
Phone: _____ Mobile: _____
Email: _____
Birthday: _____
Notes: _____
_____

~~~~~~~~~~~~~~~~~~~~~~~~~~

Name: _____
Address: _____
_____
Phone: _____ Mobile: _____
Email: _____
Birthday: _____
Notes: _____
_____

~~~~~~~~~~~~~~~~~~~~~~~~~~

Name: _____
　Address: _____
　_____
　Phone: _____ Mobile: _____
　Email: _____
　Birthday: _____
　Notes: _____

Name: _____
　Address: _____
　_____
　Phone: _____ Mobile: _____
　Email: _____
　Birthday: _____
　Notes: _____

Name: _____
　Address: _____
　_____
　Phone: _____ Mobile: _____
　Email: _____
　Birthday: _____
　Notes: _____

A B C D E F G H I J K L **M** N O P Q R S T U V W X Y Z

A
B
C
D
E
F
G
H
I
J
K
L
M
N
O
P
Q
R
S
T
U
V
W
X
Y
Z

Name: _____
Address: _____
_____
Phone: _____ Mobile: _____
Email: _____
Birthday: _____
Notes: _____
_____

~~~~~~~~~~~~~~~~~~~~~~~~~~~~~~~~~~~~~~~

Name: _____
Address: _____
_____
Phone: _____ Mobile: _____
Email: _____
Birthday: _____
Notes: _____
_____

~~~~~~~~~~~~~~~~~~~~~~~~~~~~~~~~~~~~~~~

Name: _____
Address: _____
_____
Phone: _____ Mobile: _____
Email: _____
Birthday: _____
Notes: _____
_____

~~~~~~~~~~~~~~~~~~~~~~~~~~~~~~~~~~~~~~~

Name: _____
  Address: _____
  _____
Phone: _____ **Mobile:** _____
Email: _____
Birthday: _____
Notes: _____

~~~~~~

Name: _____
  Address: _____
  _____
Phone: _____ **Mobile:** _____
Email: _____
Birthday: _____
Notes: _____

~~~~~~

Name: _____
  Address: _____
  _____
Phone: _____ **Mobile:** _____
Email: _____
Birthday: _____
Notes: _____

~~~~~~

A B C D E F G H I J K L **M** N O P Q R S T U V W X Y Z

A
B
C
D
E
F
G
H
I
J
K
L
M
N
O
P
Q
R
S
T
U
V
W
X
Y
Z

Name: _____
Address: _____
_____
Phone: _____ Mobile: _____
Email: _____
Birthday: _____
Notes: _____
_____

~~~~~~~~~~~~~~~~~~~~~~~~~~~~~~~~

Name: _____
Address: _____
_____
Phone: _____ Mobile: _____
Email: _____
Birthday: _____
Notes: _____
_____

~~~~~~~~~~~~~~~~~~~~~~~~~~~~~~~~

Name: _____
Address: _____
_____
Phone: _____ Mobile: _____
Email: _____
Birthday: _____
Notes: _____
_____

~~~~~~~~~~~~~~~~~~~~~~~~~~~~~~~~

Name: _____
Address: _____
_____

Phone: _____ Mobile: _____
Email: _____
Birthday: _____
Notes: _____
_____

~~~~~~~~~~~~~~~~~~~~~~~~~~~~~~~~~~~~~

Name: _____
Address: _____
_____

Phone: _____ Mobile: _____
Email: _____
Birthday: _____
Notes: _____
_____

~~~~~~~~~~~~~~~~~~~~~~~~~~~~~~~~~~~~~

Name: _____
Address: _____
_____

Phone: _____ Mobile: _____
Email: _____
Birthday: _____
Notes: _____
_____

~~~~~~~~~~~~~~~~~~~~~~~~~~~~~~~~~~~~~

A
B
C
D
E
F
G
H
I
J
K
L
M
N
O
P
Q
R
S
T
U
V
W
X
Y
Z

A
B
C
D
E
F
G
H
I
J
K
L
M
N
O
P
Q
R
S
T
U
V
W
X
Y
Z

Name: _____
Address: _____
_____
Phone: _____ Mobile: _____
Email: _____
Birthday: _____
Notes: _____

~~~~~~~~~~~~~~~~~~~~~~~~~~~~~

Name: _____
Address: _____
_____
Phone: _____ Mobile: _____
Email: _____
Birthday: _____
Notes: _____

~~~~~~~~~~~~~~~~~~~~~~~~~~~~~

Name: _____
Address: _____
_____
Phone: _____ Mobile: _____
Email: _____
Birthday: _____
Notes: _____

~~~~~~~~~~~~~~~~~~~~~~~~~~~~~

Name: _____
　Address: _____
　_____
　_____
　Phone: _____ Mobile: _____
　Email: _____
　Birthday: _____
　Notes: _____
　_____

Name: _____
　Address: _____
　_____
　_____
　Phone: _____ Mobile: _____
　Email: _____
　Birthday: _____
　Notes: _____
　_____

Name: _____
　Address: _____
　_____
　_____
　Phone: _____ Mobile: _____
　Email: _____
　Birthday: _____
　Notes: _____
　_____

A
B
C
D
E
F
G
H
I
J
K
L
M
N
O
P
Q
R
S
T
U
V
W
X
Y
Z

A
B
C
D
E
F
G
H
I
J
K
L
M
N
O
P
Q
R
S
T
U
V
W
X
Y
Z

Name: _____
Address: _____
_____
Phone: _____ Mobile: _____
Email: _____
Birthday: _____
Notes: _____
_____

~~~~~~~~~~~~~~~~~~~~~~~~

Name: _____
Address: _____
_____
Phone: _____ Mobile: _____
Email: _____
Birthday: _____
Notes: _____
_____

~~~~~~~~~~~~~~~~~~~~~~~~

Name: _____
Address: _____
_____
Phone: _____ Mobile: _____
Email: _____
Birthday: _____
Notes: _____
_____

~~~~~~~~~~~~~~~~~~~~~~~~

Name: _____
Address: _____
_____

Phone: _____ Mobile: _____
Email: _____
Birthday: _____
Notes: _____
_____

Name: _____
Address: _____
_____

Phone: _____ Mobile: _____
Email: _____
Birthday: _____
Notes: _____
_____

Name: _____
Address: _____
_____

Phone: _____ Mobile: _____
Email: _____
Birthday: _____
Notes: _____
_____

A
B
C
D
E
F
G
H
I
J
K
L
M
N
O
P
Q
R
S
T
U
V
W
X
Y
Z

A
B
C
D
E
F
G
H
I

Name: _____
Address: _____
_____
Phone: _____ Mobile: _____
Email: _____
Birthday: _____
Notes: _____
_____

~~~~~~

J
K
L
M
N
O
P
Q

Name: _____
Address: _____
_____
Phone: _____ Mobile: _____
Email: _____
Birthday: _____
Notes: _____
_____

~~~~~~

R
S
T
U
V
W
X
Y
Z

Name: _____
Address: _____
_____
Phone: _____ Mobile: _____
Email: _____
Birthday: _____
Notes: _____
_____

~~~~~~

Name: _____
Address: _____
_____
Phone: _____ Mobile: _____
Email: _____
Birthday: _____
Notes: _____
_____

Name: _____
Address: _____
_____
Phone: _____ Mobile: _____
Email: _____
Birthday: _____
Notes: _____
_____

Name: _____
Address: _____
_____
Phone: _____ Mobile: _____
Email: _____
Birthday: _____
Notes: _____
_____

A
B
C
D
E
F
G
H
I
J
K
L
M
N
O
P
Q
R
S
T
U
V
W
X
Y
Z

A
B
C
D
E
F
G
H
I
J
K
L
M
N
O
P
Q
R
S
T
U
V
W
X
Y
Z

Name: _____
Address: _____
_____
Phone: _____ Mobile: _____
Email: _____
Birthday: _____
Notes: _____
_____

~~~~~~~~~~~~~~~~~~~~~~~~~~~~~~~

Name: _____
Address: _____
_____
Phone: _____ Mobile: _____
Email: _____
Birthday: _____
Notes: _____
_____

~~~~~~~~~~~~~~~~~~~~~~~~~~~~~~~

Name: _____
Address: _____
_____
Phone: _____ Mobile: _____
Email: _____
Birthday: _____
Notes: _____
_____

~~~~~~~~~~~~~~~~~~~~~~~~~~~~~~~

Name: _____
Address: _____
_____
Phone: _____ Mobile: _____
Email: _____
Birthday: _____
Notes: _____
_____

Name: _____
Address: _____
_____
Phone: _____ Mobile: _____
Email: _____
Birthday: _____
Notes: _____
_____

Name: _____
Address: _____
_____
Phone: _____ Mobile: _____
Email: _____
Birthday: _____
Notes: _____
_____

A B C D E F G H I J K L M N O **P** Q R S T U V W X Y Z

A
B
C
D
E
F
G
H
I
J
K
L
M
N
O
P
Q
R
S
T
U
V
W
X
Y
Z

Name: _____
Address: _____
_____
Phone: _____ Mobile: _____
Email: _____
Birthday: _____
Notes: _____

~~~~~~~~~~~~~~~~~~~~~~~~~~~~~~~~~

Name: _____
Address: _____
_____
Phone: _____ Mobile: _____
Email: _____
Birthday: _____
Notes: _____

~~~~~~~~~~~~~~~~~~~~~~~~~~~~~~~~~

Name: _____
Address: _____
_____
Phone: _____ Mobile: _____
Email: _____
Birthday: _____
Notes: _____

~~~~~~~~~~~~~~~~~~~~~~~~~~~~~~~~~

Name: _____
Address: _____
_____
Phone: _____ Mobile: _____
Email: _____
Birthday: _____
Notes: _____
_____

~~~~~~~~~~~~~~~~~~~~~~~~~~~~~~~~~

Name: _____
Address: _____
_____
Phone: _____ Mobile: _____
Email: _____
Birthday: _____
Notes: _____
_____

~~~~~~~~~~~~~~~~~~~~~~~~~~~~~~~~~

Name: _____
Address: _____
_____
Phone: _____ Mobile: _____
Email: _____
Birthday: _____
Notes: _____
_____

~~~~~~~~~~~~~~~~~~~~~~~~~~~~~~~~~

A
B
C
D
E
F
G
H
I
J
K
L
M
N
O
P
Q
R
S
T
U
V
W
X
Y
Z

A
B
C
D
E
F
G
H
I
J
K
L
M
N
O
P
Q
R
S
T
U
V
W
X
Y
Z

Name: _____

Address: _____

_____

Phone: _____ Mobile: _____

Email: _____

Birthday: _____

Notes: _____

_____

Name: _____

Address: _____

_____

Phone: _____ Mobile: _____

Email: _____

Birthday: _____

Notes: _____

_____

Name: _____

Address: _____

_____

Phone: _____ Mobile: _____

Email: _____

Birthday: _____

Notes: _____

_____

Name: _____
Address: _____
_____
Phone: _____ Mobile: _____
Email: _____
Birthday: _____
Notes: _____
_____

Name: _____
Address: _____
_____
Phone: _____ Mobile: _____
Email: _____
Birthday: _____
Notes: _____
_____

Name: _____
Address: _____
_____
Phone: _____ Mobile: _____
Email: _____
Birthday: _____
Notes: _____
_____

A
B
C
D
E
F
G
H
I
J
K
L
M
N
O
P
Q
R
S
T
U
V
W
X
Y
Z

A
B
C
D
E
F
G
H
I
J
K
L
M
N
O
P
Q
R
S
T
U
V
W
X
Y
Z

Name: _____
Address: _____
_____
Phone: _____ Mobile: _____
Email: _____
Birthday: _____
Notes: _____

Name: _____
Address: _____
_____
Phone: _____ Mobile: _____
Email: _____
Birthday: _____
Notes: _____

Name: _____
Address: _____
_____
Phone: _____ Mobile: _____
Email: _____
Birthday: _____
Notes: _____

Name: _____
Address: _____
_____
Phone: _____ Mobile: _____
Email: _____
Birthday: _____
Notes: _____

~~~~~~~~~~~~~~~~~~~~~~~~~~~~~~~~~~~~~

Name: _____
Address: _____
_____
Phone: _____ Mobile: _____
Email: _____
Birthday: _____
Notes: _____

~~~~~~~~~~~~~~~~~~~~~~~~~~~~~~~~~~~~~

Name: _____
Address: _____
_____
Phone: _____ Mobile: _____
Email: _____
Birthday: _____
Notes: _____

~~~~~~~~~~~~~~~~~~~~~~~~~~~~~~~~~~~~~

A
B
C
D
E
F
G
H
I
J
K
L
M
N
O
P
Q
R
S
T
U
V
W
X
Y
Z

A
B
C
D
E
F
G
H
I
J
K
L
M
N
O
P
Q
R
S
T
U
V
W
X
Y
Z

Name: _____

Address: _____

_____

Phone: _____ Mobile: _____

Email: _____

Birthday: _____

Notes: _____

~~~~~~~~~~~~~~~~~~~~~~~~~~~~~~~~~~~~~~~

Name: _____

Address: _____

_____

Phone: _____ Mobile: _____

Email: _____

Birthday: _____

Notes: _____

~~~~~~~~~~~~~~~~~~~~~~~~~~~~~~~~~~~~~~~

Name: _____

Address: _____

_____

Phone: _____ Mobile: _____

Email: _____

Birthday: _____

Notes: _____

~~~~~~~~~~~~~~~~~~~~~~~~~~~~~~~~~~~~~~~

Name: _____	A
Address: _____	B
_____	C
_____	D
Phone: _____ Mobile: _____	E
Email: _____	F
Birthday: _____	G
Notes: _____	H
_____	I
Name: _____	J
Address: _____	K
_____	L
_____	M
Phone: _____ Mobile: _____	N
Email: _____	O
Birthday: _____	P
Notes: _____	Q
_____	**R**
Name: _____	S
Address: _____	T
_____	U
_____	V
Phone: _____ Mobile: _____	W
Email: _____	X
Birthday: _____	Y
Notes: _____	Z

A
B
C
D
E
F
G
H
I

Name: _____

Address: _____
_____

Phone: _____ Mobile: _____
Email: _____
Birthday: _____
Notes: _____
_____

J
K
L
M
N
O
P
Q

Name: _____

Address: _____
_____

Phone: _____ Mobile: _____
Email: _____
Birthday: _____
Notes: _____
_____

R
S
T
U
V
W
X
Y
Z

Name: _____

Address: _____
_____

Phone: _____ Mobile: _____
Email: _____
Birthday: _____
Notes: _____
_____

Name: _____
　Address: _____
　_____
　Phone: _____ Mobile: _____
　Email: _____
　Birthday: _____
　Notes: _____

Name: _____
　Address: _____
　_____
　Phone: _____ Mobile: _____
　Email: _____
　Birthday: _____
　Notes: _____

Name: _____
　Address: _____
　_____
　Phone: _____ Mobile: _____
　Email: _____
　Birthday: _____
　Notes: _____

A
B
C
D
E
F
G
H
I
J
K
L
M
N
O
P
Q
R
S
T
U
V
W
X
Y
Z

A
B
C
D
E
F
G
H
I

Name: _____
Address: _____
_____
Phone: _____ Mobile: _____
Email: _____
Birthday: _____
Notes: _____
_____

J
K
L
M
N
O
P
Q

Name: _____
Address: _____
_____
Phone: _____ Mobile: _____
Email: _____
Birthday: _____
Notes: _____
_____

R
S
T
U
V
W
X
Y
Z

Name: _____
Address: _____
_____
Phone: _____ Mobile: _____
Email: _____
Birthday: _____
Notes: _____
_____

Name: _____
Address: _____
_____
Phone: _____ Mobile: _____
Email: _____
Birthday: _____
Notes: _____
_____

Name: _____
Address: _____
_____
Phone: _____ Mobile: _____
Email: _____
Birthday: _____
Notes: _____
_____

Name: _____
Address: _____
_____
Phone: _____ Mobile: _____
Email: _____
Birthday: _____
Notes: _____
_____

A
B
C
D
E
F
G
H
I
J
K
L
M
N
O
P
Q
R
S
T
U
V
W
X
Y
Z

A
B
C
D
E
F
G
H
I

Name: _____
Address: _____
_____
Phone: _____ Mobile: _____
Email: _____
Birthday: _____
Notes: _____

J
K
L
M
N
O
P
Q

Name: _____
Address: _____
_____
Phone: _____ Mobile: _____
Email: _____
Birthday: _____
Notes: _____

R
S
T
U
V
W
X
Y
Z

Name: _____
Address: _____
_____
Phone: _____ Mobile: _____
Email: _____
Birthday: _____
Notes: _____

Name: _____
Address: _____
_____
_____
Phone: _____ Mobile: _____
Email: _____
Birthday: _____
Notes: _____
_____

~~~~~~~~~~~~~~~~~~~~~~~~~~~~~~~~~~~~~~

Name: _____
Address: _____
_____
_____
Phone: _____ Mobile: _____
Email: _____
Birthday: _____
Notes: _____
_____

~~~~~~~~~~~~~~~~~~~~~~~~~~~~~~~~~~~~~~

Name: _____
Address: _____
_____
_____
Phone: _____ Mobile: _____
Email: _____
Birthday: _____
Notes: _____
_____

~~~~~~~~~~~~~~~~~~~~~~~~~~~~~~~~~~~~~~

A
B
C
D
E
F
G
H
I
J
K
L
M
N
O
P
Q
R
S
T
U
V
W
X
Y
Z

A
B
C
D
E
F
G
H
I
J
K
L
M
N
O
P
Q
R
S
T
U
V
W
X
Y
Z

Name: _____
Address: _____
_____
Phone: _____ Mobile: _____
Email: _____
Birthday: _____
Notes: _____
_____

~~~~~~~~~~~~~~~~~~~~~~~~~~~~~

Name: _____
Address: _____
_____
Phone: _____ Mobile: _____
Email: _____
Birthday: _____
Notes: _____
_____

~~~~~~~~~~~~~~~~~~~~~~~~~~~~~

Name: _____
Address: _____
_____
Phone: _____ Mobile: _____
Email: _____
Birthday: _____
Notes: _____
_____

~~~~~~~~~~~~~~~~~~~~~~~~~~~~~

Name: _____
 Address: _____
 _____
 Phone: _____ Mobile: _____
 Email: _____
 Birthday: _____
 Notes: _____
 _____

Name: _____
 Address: _____
 _____
 Phone: _____ Mobile: _____
 Email: _____
 Birthday: _____
 Notes: _____
 _____

Name: _____
 Address: _____
 _____
 Phone: _____ Mobile: _____
 Email: _____
 Birthday: _____
 Notes: _____
 _____

A
B
C
D
E
F
G
H
I
J
K
L
M
N
O
P
Q
R
S
T
U
V
W
X
Y
Z

A
B
C
D
E
F
G
H
I
J
K
L
M
N
O
P
Q
R
S
T
U
V
W
X
Y
Z

Name: _____
Address: _____
_____
Phone: _____ Mobile: _____
Email: _____
Birthday: _____
Notes: _____

~~~~~~~~~~~~~~~~~~~~~~~~~~~~~

Name: _____
Address: _____
_____
Phone: _____ Mobile: _____
Email: _____
Birthday: _____
Notes: _____

~~~~~~~~~~~~~~~~~~~~~~~~~~~~~

Name: _____
Address: _____
_____
Phone: _____ Mobile: _____
Email: _____
Birthday: _____
Notes: _____

~~~~~~~~~~~~~~~~~~~~~~~~~~~~~

Name: _____
　Address: _____
　_____
　Phone: _____ Mobile: _____
　Email: _____
　Birthday: _____
　Notes: _____
　_____

~~~~~~

Name: _____
　Address: _____
　_____
　Phone: _____ Mobile: _____
　Email: _____
　Birthday: _____
　Notes: _____
　_____

~~~~~~

Name: _____
　Address: _____
　_____
　Phone: _____ Mobile: _____
　Email: _____
　Birthday: _____
　Notes: _____
　_____

~~~~~~

A
B
C
D
E
F
G
H
I
J
K
L
M
N
O
P
Q
R
S
T
U
V
W
X
Y
Z

A
B
C
D
E
F
G
H
I
J
K
L
M
N
O
P
Q
R
S
T
U
V
W
X
Y
Z

Name: _____
Address: _____
_____
Phone: _____ Mobile: _____
Email: _____
Birthday: _____
Notes: _____

Name: _____
Address: _____
_____
Phone: _____ Mobile: _____
Email: _____
Birthday: _____
Notes: _____

Name: _____
Address: _____
_____
Phone: _____ Mobile: _____
Email: _____
Birthday: _____
Notes: _____

Name: _____
Address: _____
_____

Phone: _____ Mobile: _____
Email: _____
Birthday: _____
Notes: _____
_____

~~~~~~~~~~~~~~~~~~~~~~~~~~~~~~~~~~~~~~

Name: _____
Address: _____
_____

Phone: _____ Mobile: _____
Email: _____
Birthday: _____
Notes: _____
_____

~~~~~~~~~~~~~~~~~~~~~~~~~~~~~~~~~~~~~~

Name: _____
Address: _____
_____

Phone: _____ Mobile: _____
Email: _____
Birthday: _____
Notes: _____
_____

~~~~~~~~~~~~~~~~~~~~~~~~~~~~~~~~~~~~~~

A
B
C
D
E
F
G
H
I
J
K
L
M
N
O
P
Q
R
S
T
U
V
W
X
Y
Z

A
B
C
D
E
F
G
H
I
J
K
L
M
N
O
P
Q
R
S
T
U
V
W
X
Y
Z

Name: _____
Address: _____
_____
Phone: _____ Mobile: _____
Email: _____
Birthday: _____
Notes: _____
_____

~~~~~~

Name: _____
Address: _____
_____
Phone: _____ Mobile: _____
Email: _____
Birthday: _____
Notes: _____
_____

~~~~~~

Name: _____
Address: _____
_____
Phone: _____ Mobile: _____
Email: _____
Birthday: _____
Notes: _____
_____

~~~~~~

Name: _____
Address: _____
_____

Phone: _____ Mobile: _____
Email: _____
Birthday: _____
Notes: _____
_____

~~~~~~~~~~~~~~~~~~~~~~~~~~~~~~~~~~~~~

Name: _____
Address: _____
_____

Phone: _____ Mobile: _____
Email: _____
Birthday: _____
Notes: _____
_____

~~~~~~~~~~~~~~~~~~~~~~~~~~~~~~~~~~~~~

Name: _____
Address: _____
_____

Phone: _____ Mobile: _____
Email: _____
Birthday: _____
Notes: _____
_____

~~~~~~~~~~~~~~~~~~~~~~~~~~~~~~~~~~~~~

A
B
C
D
E
F
G
H
I
J
K
L
M
N
O
P
Q
R
S
T
U
V
W
X
Y
Z

A
B
C
D
E
F
G
H
I
J
K
L
M
N
O
P
Q
R
S
T
U
V
W
X
Y
Z

Name: _____

Address: _____

_____

Phone: _____ Mobile: _____

Email: _____

Birthday: _____

Notes: _____

_____

~~~~~~~~~~~~~~~~~~~~~~~~~~~~~~~

Name: _____

Address: _____

_____

Phone: _____ Mobile: _____

Email: _____

Birthday: _____

Notes: _____

_____

~~~~~~~~~~~~~~~~~~~~~~~~~~~~~~~

Name: _____

Address: _____

_____

Phone: _____ Mobile: _____

Email: _____

Birthday: _____

Notes: _____

_____

~~~~~~~~~~~~~~~~~~~~~~~~~~~~~~~

Name: _____
Address: _____
_____
Phone: _____ Mobile: _____
Email: _____
Birthday: _____
Notes: _____
_____

~~~~~~~~~~~~~~~~~~~~~~~~~~~~~~~~~~~~~~

Name: _____
Address: _____
_____
Phone: _____ Mobile: _____
Email: _____
Birthday: _____
Notes: _____
_____

~~~~~~~~~~~~~~~~~~~~~~~~~~~~~~~~~~~~~~

Name: _____
Address: _____
_____
Phone: _____ Mobile: _____
Email: _____
Birthday: _____
Notes: _____
_____

~~~~~~~~~~~~~~~~~~~~~~~~~~~~~~~~~~~~~~

A
B
C
D
E
F
G
H
I
J
K
L
M
N
O
P
Q
R
S
T
U
V
W
X
Y
Z

A
B
C
D
E
F
G
H
I

Name: _____
Address: _____
_____
Phone: _____ Mobile: _____
Email: _____
Birthday: _____
Notes: _____
_____

~~~~~~~~~~~~~~~~~~~~~~~~~~~~~

J
K
L
M
N
O
P
Q

Name: _____
Address: _____
_____
Phone: _____ Mobile: _____
Email: _____
Birthday: _____
Notes: _____
_____

~~~~~~~~~~~~~~~~~~~~~~~~~~~~~

R
S
T
U
V
W
X
Y
Z

Name: _____
Address: _____
_____
Phone: _____ Mobile: _____
Email: _____
Birthday: _____
Notes: _____
_____

~~~~~~~~~~~~~~~~~~~~~~~~~~~~~

Name: _____
　Address: _____
　_____
　Phone: _____ Mobile: _____
　Email: _____
　Birthday: _____
　Notes: _____
　_____

~~~~~~~~~~~~~~~~~~~~~~~~~~~~~~~~~~

Name: _____
　Address: _____
　_____
　Phone: _____ Mobile: _____
　Email: _____
　Birthday: _____
　Notes: _____
　_____

~~~~~~~~~~~~~~~~~~~~~~~~~~~~~~~~~~

Name: _____
　Address: _____
　_____
　Phone: _____ Mobile: _____
　Email: _____
　Birthday: _____
　Notes: _____
　_____

~~~~~~~~~~~~~~~~~~~~~~~~~~~~~~~~~~

A
B
C
D
E
F
G
H
I
J
K
L
M
N
O
P
Q
R
S
T
U
V
W
X
Y
Z

A
B
C
D
E
F
G
H
I

Name: _____
Address: _____
_____
Phone: _____ Mobile: _____
Email: _____
Birthday: _____
Notes: _____
_____

J
K
L
M
N
O
P
Q

Name: _____
Address: _____
_____
Phone: _____ Mobile: _____
Email: _____
Birthday: _____
Notes: _____
_____

R
S
T
U
V
W
X
Y
Z

Name: _____
Address: _____
_____
Phone: _____ Mobile: _____
Email: _____
Birthday: _____
Notes: _____
_____

Name: _____
Address: _____
_____
_____
Phone: _____ Mobile: _____
Email: _____
Birthday: _____
Notes: _____
_____

~~~~~~~~~~~~~~~~~~~~~~~~~~~~~~~~~~~~~

Name: _____
Address: _____
_____
_____
Phone: _____ Mobile: _____
Email: _____
Birthday: _____
Notes: _____
_____

~~~~~~~~~~~~~~~~~~~~~~~~~~~~~~~~~~~~~

Name: _____
Address: _____
_____
_____
Phone: _____ Mobile: _____
Email: _____
Birthday: _____
Notes: _____
_____

~~~~~~~~~~~~~~~~~~~~~~~~~~~~~~~~~~~~~

A
B
C
D
E
F
G
H
I
J
K
L
M
N
O
P
Q
R
S
T
U
V
W
X
Y
Z

A
B
C
D
E
F
G
H
I
J
K
L
M
N
O
P
Q
R
S
T
U
V
W
X
Y
Z

Name: _____

Address: _____

_____

Phone: _____ Mobile: _____

Email: _____

Birthday: _____

Notes: _____

~~~~~~~~~~~~~~~~~~~~~~~~~~~~~~~~~~~~~~~

Name: _____

Address: _____

_____

Phone: _____ Mobile: _____

Email: _____

Birthday: _____

Notes: _____

~~~~~~~~~~~~~~~~~~~~~~~~~~~~~~~~~~~~~~~

Name: _____

Address: _____

_____

Phone: _____ Mobile: _____

Email: _____

Birthday: _____

Notes: _____

~~~~~~~~~~~~~~~~~~~~~~~~~~~~~~~~~~~~~~~

Name: _____
　Address: _____
　_____
　Phone: _____ Mobile: _____
　Email: _____
　Birthday: _____
　Notes: _____
　_____

~~~~~~~~~~~~~~~~~~~~~~~~~~~~~~~~~~~~~~~

Name: _____
　Address: _____
　_____
　Phone: _____ Mobile: _____
　Email: _____
　Birthday: _____
　Notes: _____
　_____

~~~~~~~~~~~~~~~~~~~~~~~~~~~~~~~~~~~~~~~

Name: _____
　Address: _____
　_____
　Phone: _____ Mobile: _____
　Email: _____
　Birthday: _____
　Notes: _____
　_____

~~~~~~~~~~~~~~~~~~~~~~~~~~~~~~~~~~~~~~~

A
B
C
D
E
F
G
H
I
J
K
L
M
N
O
P
Q
R
S
T
U
V
W
X
Y
Z

A
B
C
D
E
F
G
H
I
J
K
L
M
N
O
P
Q
R
S
T
U
V
W
X
Y
Z

Name: _____
Address: _____
_____
Phone: _____ Mobile: _____
Email: _____
Birthday: _____
Notes: _____

~~~~~~~~~~~~~~~~~~~~~~~~~~~~~~

Name: _____
Address: _____
_____
Phone: _____ Mobile: _____
Email: _____
Birthday: _____
Notes: _____

~~~~~~~~~~~~~~~~~~~~~~~~~~~~~~

Name: _____
Address: _____
_____
Phone: _____ Mobile: _____
Email: _____
Birthday: _____
Notes: _____

~~~~~~~~~~~~~~~~~~~~~~~~~~~~~~

Name: _____
Address: _____
_____
Phone: _____ Mobile: _____
Email: _____
Birthday: _____
Notes: _____
_____

Name: _____
Address: _____
_____
Phone: _____ Mobile: _____
Email: _____
Birthday: _____
Notes: _____
_____

Name: _____
Address: _____
_____
Phone: _____ Mobile: _____
Email: _____
Birthday: _____
Notes: _____
_____

A
B
C
D
E
F
G
H
I
J
K
L
M
N
O
P
Q
R
S
T
U
V
W
X
Y
Z

A
B
C
D
E
F
G
H
I
J
K
L
M
N
O
P
Q
R
S
T
U
V
W
X
Y
Z

Name:_____

Address:_____

_____

Phone:_____ Mobile:_____

Email:_____

Birthday:_____

Notes:_____

_____

Name:_____

Address:_____

_____

Phone:_____ Mobile:_____

Email:_____

Birthday:_____

Notes:_____

_____

Name:_____

Address:_____

_____

Phone:_____ Mobile:_____

Email:_____

Birthday:_____

Notes:_____

_____

Name: _____
Address: _____
_____
_____

Phone: _____ Mobile: _____
Email: _____
Birthday: _____
Notes: _____
_____

~~~~~~~~~~~~~~~~~~~~~~~~~~~~~~

Name: _____
Address: _____
_____
_____

Phone: _____ Mobile: _____
Email: _____
Birthday: _____
Notes: _____
_____

~~~~~~~~~~~~~~~~~~~~~~~~~~~~~~

Name: _____
Address: _____
_____
_____

Phone: _____ Mobile: _____
Email: _____
Birthday: _____
Notes: _____
_____

~~~~~~~~~~~~~~~~~~~~~~~~~~~~~~

A
B
C
D
E
F
G
H
I
J
K
L
M
N
O
P
Q
R
S
T
U
V
W
X
Y
Z

A
B
C
D
E
F
G
H
I

Name: _____
Address: _____
_____
Phone: _____ Mobile: _____
Email: _____
Birthday: _____
Notes: _____
_____

~~~~~~~~~~~~~~~~~~~~~~~~~~~~~

J
K
L
M
N
O
P
Q

Name: _____
Address: _____
_____
Phone: _____ Mobile: _____
Email: _____
Birthday: _____
Notes: _____
_____

~~~~~~~~~~~~~~~~~~~~~~~~~~~~~

R
S
T
U
V
W
X
Y
Z

Name: _____
Address: _____
_____
Phone: _____ Mobile: _____
Email: _____
Birthday: _____
Notes: _____
_____

~~~~~~~~~~~~~~~~~~~~~~~~~~~~~

Name: _____
Address: _____
_____
Phone: _____ Mobile: _____
Email: _____
Birthday: _____
Notes: _____

Name: _____
Address: _____
_____
Phone: _____ Mobile: _____
Email: _____
Birthday: _____
Notes: _____

Name: _____
Address: _____
_____
Phone: _____ Mobile: _____
Email: _____
Birthday: _____
Notes: _____

A
B
C
D
E
F
G
H
I
J
K
L
M
N
O
P
Q
R
S
T
U
V
W
X
Y
Z

A
B
C
D
E
F
G
H
I
J
K
L
M
N
O
P
Q
R
S
T
U
V
W
X
Y
Z

Name: _____

Address: _____

_____

Phone: _____ Mobile: _____

Email: _____

Birthday: _____

Notes: _____

~~~~~~~~~~~~~~~~~~~~~~~~~~~~~~

Name: _____

Address: _____

_____

Phone: _____ Mobile: _____

Email: _____

Birthday: _____

Notes: _____

~~~~~~~~~~~~~~~~~~~~~~~~~~~~~~

Name: _____

Address: _____

_____

Phone: _____ Mobile: _____

Email: _____

Birthday: _____

Notes: _____

~~~~~~~~~~~~~~~~~~~~~~~~~~~~~~

Name: _____
Address: _____
_____
Phone: _____ Mobile: _____
Email: _____
Birthday: _____
Notes: _____

~~~~~~

Name: _____
Address: _____
_____
Phone: _____ Mobile: _____
Email: _____
Birthday: _____
Notes: _____

~~~~~~

Name: _____
Address: _____
_____
Phone: _____ Mobile: _____
Email: _____
Birthday: _____
Notes: _____

~~~~~~

A
B
C
D
E
F
G
H
I
J
K
L
M
N
O
P
Q
R
S
T
U
V
W
X
Y
Z

A
B
C
D
E
F
G
H
I

Name: _____
Address: _____
_____
Phone: _____ Mobile: _____
Email: _____
Birthday: _____
Notes: _____

J
K
L
M
N
O
P
Q
R

Name: _____
Address: _____
_____
Phone: _____ Mobile: _____
Email: _____
Birthday: _____
Notes: _____

S
T
U
V
W
X
Y
Z

Name: _____
Address: _____
_____
Phone: _____ Mobile: _____
Email: _____
Birthday: _____
Notes: _____

Name: _____
　Address: _____
　_____
　Phone: _____ Mobile: _____
　Email: _____
　Birthday: _____
　Notes: _____

Name: _____
　Address: _____
　_____
　Phone: _____ Mobile: _____
　Email: _____
　Birthday: _____
　Notes: _____

Name: _____
　Address: _____
　_____
　Phone: _____ Mobile: _____
　Email: _____
　Birthday: _____
　Notes: _____

A
B
C
D
E
F
G
H
I
J
K
L
M
N
O
P
Q
R
S
T
U
V
W
X
Y
Z

A
B
C
D
E
F
G
H
I

Name: _____

Address: _____

_____

Phone: _____ Mobile: _____

Email: _____

Birthday: _____

Notes: _____

~~~~~~~~~~~~~~~~~~~~~~~~~~~~~~~~~~~~~

J
K
L
M
N
O
P
Q

Name: _____

Address: _____

_____

Phone: _____ Mobile: _____

Email: _____

Birthday: _____

Notes: _____

~~~~~~~~~~~~~~~~~~~~~~~~~~~~~~~~~~~~~

R
S
T
U
V
W
X
Y
Z

Name: _____

Address: _____

_____

Phone: _____ Mobile: _____

Email: _____

Birthday: _____

Notes: _____

~~~~~~~~~~~~~~~~~~~~~~~~~~~~~~~~~~~~~

Name: _____
Address: _____
_____

Phone: _____ Mobile: _____
Email: _____
Birthday: _____
Notes: _____

~~~~~~~~~~~~~~~~~~~~~~~~~~~~~~~~~~~~~~~

Name: _____
Address: _____
_____

Phone: _____ Mobile: _____
Email: _____
Birthday: _____
Notes: _____

~~~~~~~~~~~~~~~~~~~~~~~~~~~~~~~~~~~~~~~

Name: _____
Address: _____
_____

Phone: _____ Mobile: _____
Email: _____
Birthday: _____
Notes: _____

~~~~~~~~~~~~~~~~~~~~~~~~~~~~~~~~~~~~~~~

A
B
C
D
E
F
G
H
I
J
K
L
M
N
O
P
Q
R
S
T
U
V
W
X
Y
Z

A
B
C
D
E
F
G
H
I

Name: _____
Address: _____
_____
Phone: _____ Mobile: _____
Email: _____
Birthday: _____
Notes: _____

J
K
L
M
N
O
P
Q

Name: _____
Address: _____
_____
Phone: _____ Mobile: _____
Email: _____
Birthday: _____
Notes: _____

R
S
T
U
V
W
X
Y
Z

Name: _____
Address: _____
_____
Phone: _____ Mobile: _____
Email: _____
Birthday: _____
Notes: _____

Printed in Great Britain
by Amazon